PROYECTOS FASCINANTES

EL REINO ANIMAL

Sally Hewitt

Traducción: Diana Esperanza Gómez

PANAMERICANA
EDITORIAL

Título original: The Animal Kingdom

Hewitt, Sally
    El reino animal / Sally Hewitt ; ilustraciones Peter Wilks,
Catherine Ward y Andrew Geeson. -- Bogotá : Panamericana
Editorial, 2004.
    48 p. : il. ; 26 cm. -- (Proyectos fascinantes)
    ISBN 958-30-1531-8
1. Animales – Hábitos y conducta – Literatura juvenil
2. Zoología - Literatura juvenil I. Wilks, Peter, il II. Ward,
Catherine, il. III. Geeson, Andrew, il. IV. Tít V. Serie
I591 cd 20 ed.
AHX8987

    CEP-Banco de la República-Biblioteca Luis Ángel Arango

Editor
Panamericana Editorial Ltda.

Edición
Javier R. Mahecha López

Traducción
Diana Esperanza Gómez

Ilustraciones
Andrew Geeson, Catherine Ward y Peter Wilks – SGA

Caricaturas
Tony Kenyon – BL Kearley

Consultor
Dr. Bryson Gore

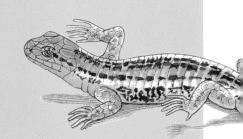

Primera edición en Gran Bretaña por Aladdin Books, 2002
Primera edición en Panamericana Editorial Ltda., octubre de 2004

© Aladdin Books
2/3 FITZROY MEWS, London W1T 6DF
© Panamericana Editorial Ltda.
Calle 12 No. 34-20. Tels.: 3603077 - 2770100
Fax: (57 1) 2373805
Correo electrónico: panaedit@panamericanaeditorial.com
www.panamericanaeditorial.com
Bogotá, D.C., Colombia

ISBN 958-30-1531-8

Impreso por Panamericana Formas e Impresos S. A.
Calle 65 No. 95-28, Tels.: 4302110 - 4300355, Fax: (57 1) 2763008
Quien sólo actúa como impresor.

Impreso en Colombia   Printed in Colombia

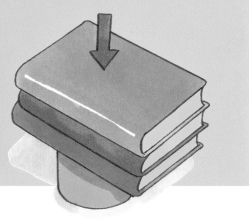

Contenido

Introducción

En este libro se explica cómo es el reino animal mediante una serie de proyectos y experimentos fascinantes. Cada capítulo aborda un aspecto diferente de los animales (los sentidos, la respiración, ...), con un proyecto principal, soportado con varios experimentos sencillos (*casillas sorprendentes* y *recuadros de hechos fascinantes*, entre otros). Al finalizar cada capítulo se explica qué ocurrió y su argumentación científica. Los proyectos que requieren instrumentos cortantes o calientes, debes realizarlos bajo la supervisión de un adulto.

Acá se presenta el objetivo del proyecto.

PROCEDIMIENTO
Los consejos útiles para realizar tus proyectos incluyen:

Materiales
En esta casilla se listan los materiales que necesitas para realizar cada proyecto.

1. Los pasos que describen la ejecución de cada proyecto; éstos se numeran.

2. Las ilustraciones, que te ayudarán a entender las instrucciones y que también se numeran como figura 1, etc.

Figura 1

Figura 2

LA SORPRENDENTE CASILLA MÁGICA
Qué sucede

¡En estos recuadros hay actividades o experimentos con resultados particularmente maravillosos y sorprendentes!

POR QUÉ FUNCIONA
También podrás descubrir qué pasó exactamente.

QUÉ DEMUESTRA

Estas casillas, tituladas *Qué demuestra* o *Por qué funciona* contienen una explicación de lo que sucedió durante la realización de tu proyecto y el significado del resultado.

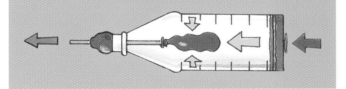

¡Hechos que fascinan!
Un hecho divertido o sorprendente relacionado con el tema del capítulo.

Encontrarás este símbolo en aquellos proyectos en los que debas utilizar instrumentos cortantes o que requieran supervisión de un adulto.

El texto de estos óvalos relaciona el tema de esta página con el de la siguiente, dentro del mismo capítulo.

¿Qué es la vida animal?

Todo a tu alrededor puede tener vida o no. Este libro, tu ropa y las monedas que hay en tu bolsillo no tienen vida. Las plantas y los animales, incluso los seres humanos, son seres vivos. El reino animal está conformado por millones de animales. Los animales pueden dividirse en dos grupos: aquellos con columna vertebral, llamados *vertebrados*, y aquellos sin columna vertebral, denominados *invertebrados*.

Observa las lombrices que viven en la tierra.

Materiales
- Tres pedazos de madera de 30 cm X 2,5 cm.
- Dos hojas de acetato transparente de 35 cm X 30 cm.
- Pegante a prueba de agua.
- Tierra, pasto y hojas de árbol.
- Papel celofán rojo.
  - Un trapo.
  - Una linterna.
  - Lombrices.

PROCEDIMIENTO
Las lombrices trabajan en la oscuridad; cúbrelas, y obsérvalas trabajar.

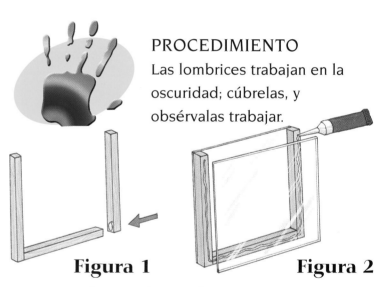

Figura 1   **Figura 2**

1. Pega los pedazos de madera entre sí con el pegante a prueba de agua, de modo que formes un marco de tres lados (figura 1) para tu cultivo. Deja que el pegante seque.

2. Pega una hoja de acetato en cada uno de los lados del marco (figura 2).

Figura 3

3. Llena tu marco con tierra y mantén la tierra húmeda.

4. Busca en tu jardín cuatro o cinco lombrices grandes y ponlas sobre la tierra (figura 3).

5. Añade un poco de pasto y hojas frescas. Cubre tu cultivo de lombrices con el trapo.

6. Cubre una linterna con celofán rojo y observa cómo las lombrices trabajan en la oscuridad (figura 4).

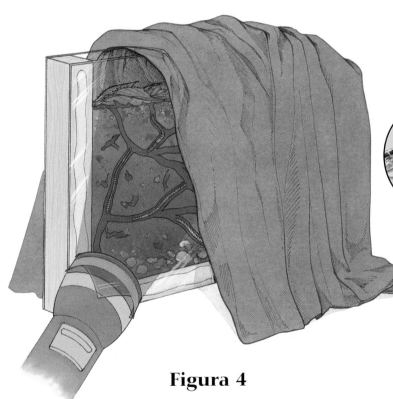

Figura 4

QUÉ DEMUESTRA

Al observar las lombrices que viven en la tierra, notarás algunas de las siete funciones características de los animales, como alimentación, excreción y movimiento.

1. Respiración: los animales inhalan oxígeno y exhalan dióxido de carbono.

2. Alimentación: los animales necesitan comer para obtener energía y así crecer y vivir.

3. Excreción: los animales desechan los residuos de su comida.

4. Movimiento: los animales se mueven. El movimiento también ocurre dentro de su cuerpo.

5. Sensibilidad: los animales tienen sentidos, por ejemplo vista, oído, olfato, gusto y tacto.

6. Crecimiento: los animales crecen a lo largo de su vida.

7. Reproducción: los animales pueden generar nuevos seres vivientes de su misma especie.

¿Qué es la vida animal?

Los zoólogos son personas que estudian a los animales. Ellos dividieron el reino animal en varios grupos. Tú perteneces al grupo de animales llamado mamíferos. Todos los mamíferos tienen columna vertebral.

¡ESTOY VIVO!

Haz una lista como la de la derecha. Ahora, prepara una tostada, úntala, cómetela y revisa si eres un ser vivo. ¿Respiras y te mueves? ¿Puedes oler y saborear la tostada? ¿Un tiempo después de comer sientes ganas de ir al baño?

Respiración	
Alimentación	
Excreción	
Movimiento	
Sensibilidad	
Crecimiento	
Reproducción	

La comida te da energía para crecer. Cuando ya has crecido completamente, estás listo para reproducirte. Marca en los recuadros cada una de las funciones que cumples.

Figura 1

COLUMNA VERTEBRAL

La columna vertebral de un pescado tiene huesos como la tuya. Toca la columna vertebral de un amigo. ¿Puedes contar los 33 huesecillos de la columna? Éstos se llaman vértebras.

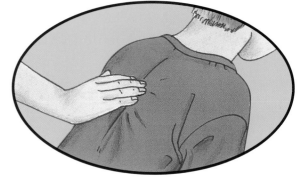

¡Demasiado pequeños para verlos!

Millones de animales sobre la Tierra son invertebrados, demasiado pequeños para verlos. Todo a tu alrededor está lleno de estas pequeñas criaturas.

ANIMAL O VEGETAL

Reúne un grupo de objetos como los que muestran las ilustraciones de esta página. Divide un pedazo grande de papel en dos secciones con los títulos *Vivos* y *Sin vida*. Luego divide la sección *Vivos* en *Plantas* y *Animales* y la sección de *Sin vida* en *Alguna vez vivieron* y *Nunca han tenido vida*. Ahora, coloca cada uno de tus objetos en su lugar correspondiente en la lista.

QUÉ DEMUESTRA

Todo lo que hay alrededor tuyo puede tener vida o no tenerla. Los animales presentan las siete funciones características que se explican en la página 7. Un gato es un animal y un ser vivo. La fruta es parte de una planta y tiene vida. Una piedra es un objeto sin vida y jamás la ha tenido. La mermelada es un objeto sin vida que alguna vez la tuvo, porque está hecha de fruta.

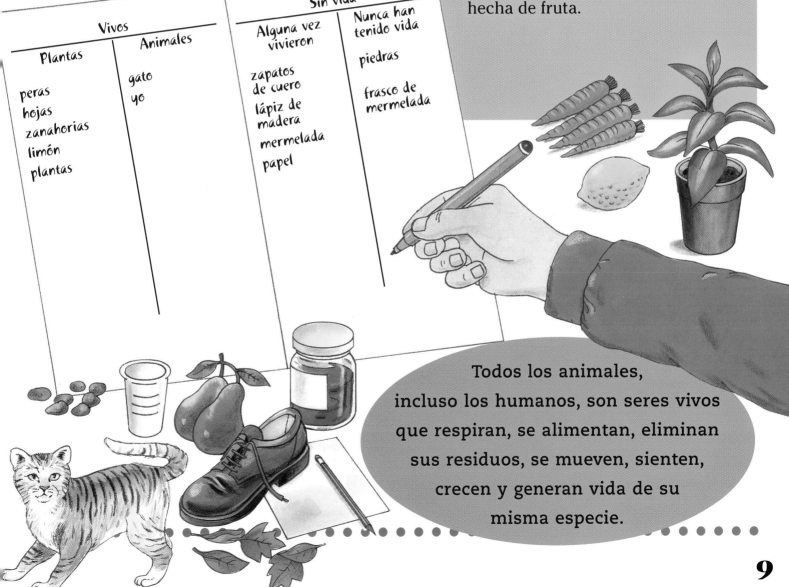

Vivos		Sin vida	
Plantas	Animales	Alguna vez vivieron	Nunca han tenido vida
peras	gato	zapatos de cuero	piedras
hojas	yo	lápiz de madera	frasco de mermelada
zanahorias		mermelada	
limón		papel	
plantas			

Todos los animales, incluso los humanos, son seres vivos que respiran, se alimentan, eliminan sus residuos, se mueven, sienten, crecen y generan vida de su misma especie.

9

Artrópodos

Los artrópodos son animales sin columna vertebral. Hay más artrópodos que los demás animales juntos. Tu esqueleto está dentro de tu cuerpo, pero los artrópodos tienen un *esqueleto* externo (exoesqueleto) que recubre su suave cuerpo, parecido a una armadura. Este exoesqueleto no crece; por tanto, cuando los artrópodos aumentan su tamaño, al mismo tiempo liberan su cubierta antigua y forman una nueva que se ajusta a su nuevo tamaño. Los ciempiés, langostas, cangrejos, arañas e insectos son artrópodos.

Descubre cómo los insectos caminan sobre el agua.

PROCEDIMIENTO
Utiliza una taza y agua limpias, sin rastros de jabón o detergente.

Materiales
- Una taza limpia.
- Agua limpia.
- Un corcho.
- Tres palillos de coctel.
- Jabón.
- Un bolígrafo.

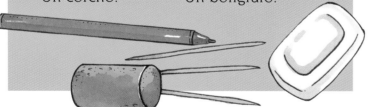

1. Llena la taza con agua fría de la llave. Espera a que el agua se repose.

2. Parte los palillos de coctel por la mitad. Inserta tres mitades de palillos a cada lado del corcho (figura 1). Luego observa si tu insecto se balancea. Dibújale dos ojos negros.

Figura 1

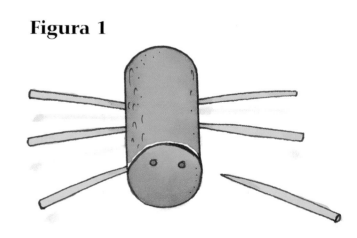

10

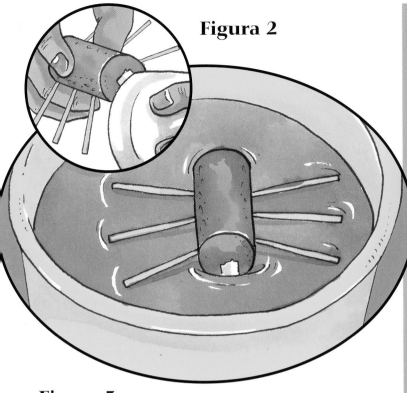

Figura 2

Figura 3

3. Frota el jabón con el extremo posterior del corcho (figura 2).

4. Coloca el insecto en el agua, suavemente, al borde de la taza (figura 3) y observa cómo se mueve sobre el agua.

POR QUÉ FUNCIONA

El agua posee una clase de piel formada por una fuerza llamada tensión superficial. Normalmente, los insectos acuáticos "navegan" por la superficie de las lagunas sin romper esta piel. Pero cuando un grillo de agua se encuentra en peligro, produce un poco de aceite que rompe la tensión superficial detrás de él. La tensión superficial del agua intacta enfrente, hala al grillo hacia delante, tal como avanza tu insecto.

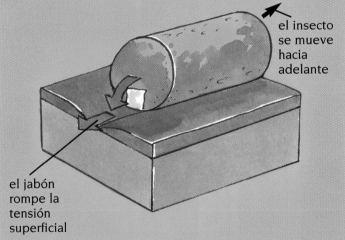

el insecto se mueve hacia adelante

el jabón rompe la tensión superficial

Sorprendente cachipolla
Una cachipolla pasa la mayor parte de su vida siendo una ninfa café que vive bajo el agua. Pero en la etapa final de su vida sale del agua a volar y sólo vive unas pocas horas, las cuales son suficientes para aparearse y poner huevos.

Artrópodos

Puedes diferenciar un insecto de otros artrópodos contando sus patas. Todos los insectos adultos tienen seis patas. Algunos insectos jóvenes son muy diferentes cuando se convierten en adultos.

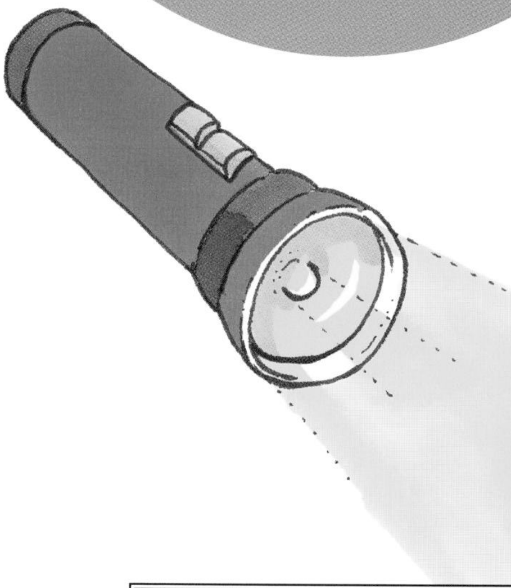

TRAMPA CAZADORA

Las trampas cazadoras capturan criaturas pequeñas que se deslizan y se arrastran por el suelo. Abre un agujero en la tierra y entierra un frasco limpio. Pon fruta, mermelada o carne en éste y cubre su parte superior con una piedra, dejando sólo un orificio pequeño (figura 1). Déjalo allí toda la noche. En la mañana, identifica las criaturas que has atrapado antes de liberarlas.

Figura 1

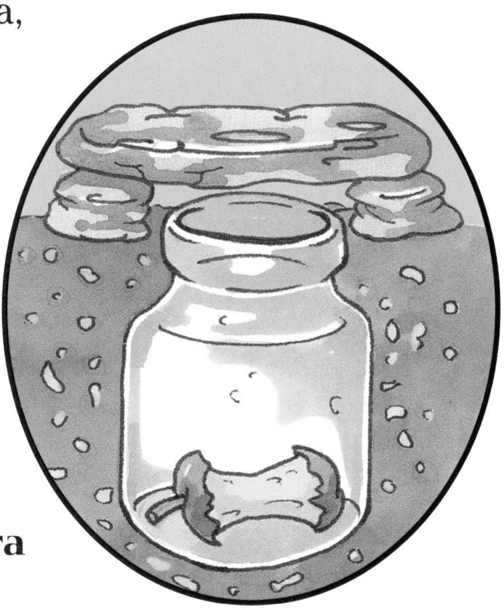

En una noche cálida, alumbra con una linterna fuera de tu casa y observa las criaturas atraídas por la luz.

LA SORPRENDENTE TRAMPA DE SEDA

Observa cómo las arañas utilizan su telaraña para atrapar a sus presas

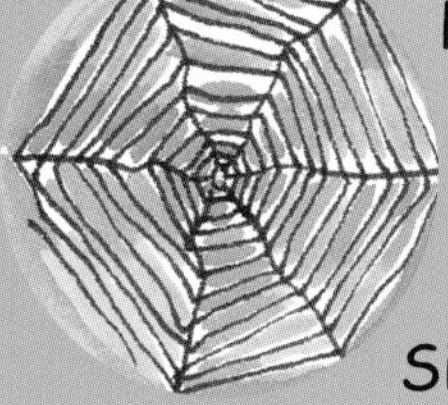

Pon un hilo alrededor de un plato y sobre éste coloca una tentadora rosquilla. Estira el hilo, témplalo y escóndete. Siente las vibraciones en la cuerda cuando alguien o algo la toca.

QUÉ DEMUESTRA

Las vibraciones viajan a lo largo de la cuerda para decirte que hay algo allí. Las arañas tejen complicadas redes de seda para atrapar insectos y comérselos. La araña se esconde debajo de una hoja con un pie sobre la red. Los insectos vuelan hacia la red y allí se atascan. Las vibraciones producidas por el insecto que lucha por liberarse, alertan a la araña y ésta corre a atrapar a su presa.

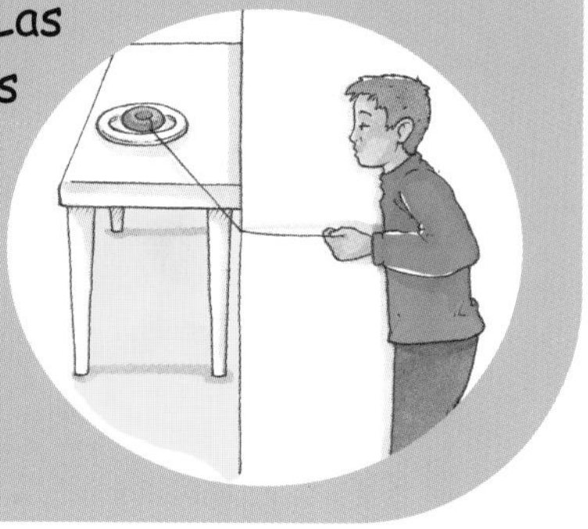

CÓMO CUIDAR ORUGAS

Busca orugas y con un cepillo empújalas suavemente dentro de una caja. Mete también algunas de las hojas que estaban comiendo y llévalas a casa. Limpia un frasco grande; con cuidado, ábrele agujeros en la tapa para que entre el aire. Cubre el fondo con tierra, introduce una piedra y un frasco más pequeño de agua para las hojas. Mete las orugas en el frasco grande. Cambia a diario las hojas para que haya un suministro fresco de comida.

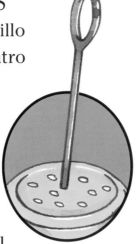

QUÉ DEMUESTRA

Las orugas en tu frasco se alimentan de hojas (1). Cada oruga se transforma en una crisálida (2). Dentro de la crisálida, la oruga cambia su forma (3). Este proceso se llama metamorfosis. Una vez se ha desarrollado, la mariposa sale volando (4). Una mariposa macho se aparea con una mariposa hembra, la cual pone sus huevos en una hoja (5).

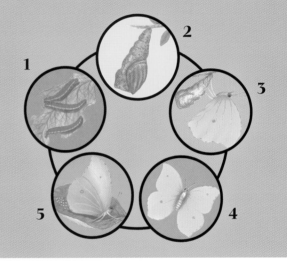

Mantén las orugas en un lugar sombreado y fresco donde puedas observarlas crecer y alimentarse. Con el tiempo, las orugas formarán un saco tipo crisálida de la cual emergerá una mariposa.

Los artrópodos son un grupo numeroso de animales sin columna vertebral, con modos especializados de obtener comida y escapar del peligro. Algunos artrópodos cambian significativamente su apariencia en cuanto crecen.

Vertebrados

Los vertebrados son animales que poseen columna vertebral y se dividen en cinco grupos: peces, reptiles, anfibios, aves y mamíferos. Generalmente los peces están cubiertos de escamas y pasan su vida bajo el agua. Los anfibios pasan parte de su vida sobre la tierra y parte de ella bajo el agua; muchos de ellos tienen piel suave. Algunos reptiles viven sobre la tierra y otros viven en el agua y tienen piel escamosa. Las aves tienen plumas y los mamíferos tienen pelo o piel. La mayoría de mamíferos tienen crías bebés; otros ponen huevos.

Toma tu temperatura.

PROCEDIMIENTO
Tu temperatura normal, según el termómetro, es de 37 ºC.

Materiales
- Un lápiz.
- Papel.
- Un termómetro de cinta.
- Un termómetro de vidrio.

1. Asegúrate de que el termómetro de cinta esté de un solo color, antes de tomar tu temperatura (figura 1). Calibra el termómetro de vidrio antes de empezar.

2. Dibújate mostrando tu cabeza, brazos, piernas, dedos de las manos y de los pies (figura 2).

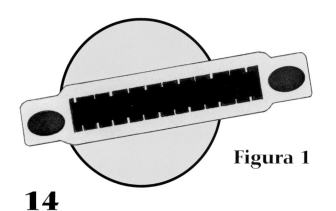

Figura 1

Figura 2

14

3. Cuando sientas calor, tómate la temperatura en diferentes partes del cuerpo. Usa el termómetro de cinta sobre tu frente y tus labios. Ponte el termómetro de vidrio bajo tus brazos, rodillas, boca, en los dedos de tus manos y de tus pies.

4. Registra tu temperatura en la noche antes de ir a la cama y en la mañana cuando te despiertes.

5. Registra la lectura de tu temperatura sobre tu dibujo.

¿Notas diferencias entre la temperatura que tomaste en diferentes partes del cuerpo y a distintas horas del día?

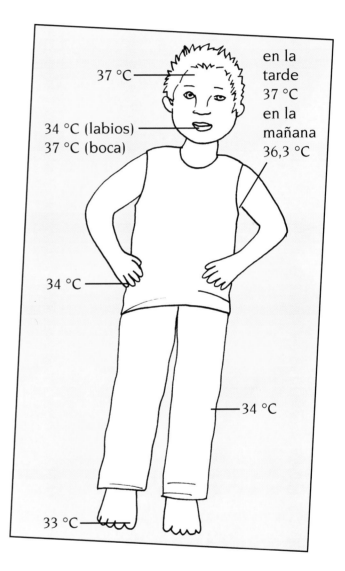

37 °C

en la tarde 37 °C en la mañana 36,3 °C

34 °C (labios)
37 °C (boca)

34 °C

34 °C

33 °C

QUÉ DEMUESTRA

La temperatura interna de los mamíferos es muy similar a toda hora. La temperatura interna de tu boca es de 37 °C, normalmente. Los dedos de tus pies y de tus manos

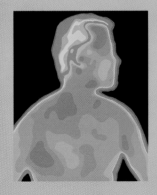

pueden estar fríos o calientes. Ellos se enfrían o se calientan para producir o guardar calor, que mantiene el interior de tu cuerpo a la misma temperatura.

6. Toma tu temperatura en días fríos y en días calientes y observa sus cambios. Si estás enfermo, con fiebre, tu temperatura aumentará y sentirás que el calor te quema.

Vertebrados

ESCAMAS DE PESCADO

En cartón brillante, corta la forma de un pescado y muchas escamas (figura 1). Pon pegante a prueba de agua sobre uno de los bordes de cada escama. Pega una línea de escamas en el extremo de la cola; fíjate que el extremo sin pegante quede en la cola. Pega la siguiente fila sobre ésta, de modo que las escamas queden superpuestas (figura 2). Cubre todo el pescado de esta manera.

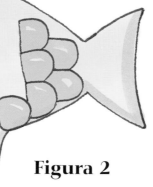

Figura 2

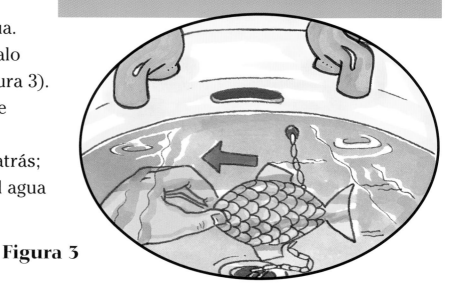

Figura 1

QUÉ DEMUESTRA

Los peces están diseñados para nadar. Sus cuerpos son hidrodinámicos. Sus escamas están superpuestas, de modo que facilitan el paso del agua sobre ellas.

Llena una vasija o un tazón con agua. Sostén tu pescado de la nariz y hálalo hacia delante a través del agua (figura 3). Siente cómo el agua pasa fácilmente sobre las escamas. Ahora sostén el pescado por la cola y hálalo hacia atrás; observa que las escamas atrapan el agua y es difícil avanzar.

Figura 3

EL SORPRENDENTE CABELLO FUERTE
Evalúa la fuerza de tu cabello

Busca a alguien con cabello largo y pídele a un adulto que le corte uno o dos cabellos. Pega uno de los extremos del cabello a una bolsa para sándwich y amarra el otro extremo a un lápiz. Sostén la bolsa en el aire y deposita en ella algunas canicas, una por una. Sorprende cuántas canicas sostiene un cabello antes de romperse.

POR QUÉ FUNCIONA
El cabello es muy fuerte. Está hecho del mismo material de las uñas de las manos. Los mamíferos necesitan cabello fuerte para protegerse del clima. Compara la cantidad de canicas que puede sostener un cabello, con la cantidad de canicas que puede sostener un hilo.

PLUMAS A PRUEBA DE AGUA

Coge una pluma y pasa un dedo cualquiera y el pulgar hacia arriba y abajo de su cañón para ordenar y desordenar sus barbas. Sumerge la pluma en un tazón con agua mezclada con colorante para alimentos. Mueve la pluma para observar cómo ésta repele el agua con colorante. Los pájaros usan sus picos para aplicar aceite de sus glándulas en sus plumas. Así mantienen sus plumas a prueba de agua y en buenas condiciones para volar.

Sumerge una toalla de cocina y una bolsa plástica en el tazón para observar cuál de los dos absorbe el colorante y cuál lo repele.

Los vertebrados son animales con columna vertebral. Sus cubiertas los ayudan a sobrevivir. Las plumas les facilitan a los pájaros el vuelo, las escamas ayudan a los peces a ser hidrodinámicos y el pelo y la piel mantienen a los mamíferos calientes y secos.

Respiración

Todos los seres vivos necesitan aire para respirar. Los mamíferos inhalan y exhalan aire de sus pulmones. Éstos inhalan oxígeno del aire y exhalan dióxido de carbono como desecho. Los mamíferos marinos, como las ballenas y los delfines, pueden contener su respiración bajo el agua por un largo tiempo pero eventualmente deben subir a la superficie por aire. La mayoría de los peces no tienen pulmones. Ellos toman el oxígeno del agua a través de sus branquias. Los insectos respiran a través de agujeros pequeños en su exoesqueleto, llamados *espiráculos*.

Fabrica un modelo de pulmón y de diafragma para observar cómo respiras.

PROCEDIMIENTO
Utiliza una botella fuerte que no se desbarate cuando la cortes.

Materiales
- Una botella de plástico transparente.
- Un globo pequeño.
- Un globo grande.
- Plastilina.
- Un pitillo.
- Una banda elástica pequeña.
- Una banda elástica grande.
- Tijeras.

Figura 1

1. Pídele a un adulto que te ayude a cortar el fondo de la botella plástica.

2. Amarra el extremo del globo grande y corta su parte superior. Estira su abertura sobre el extremo que cortaste de la botella y sujétalo con la banda elástica grande (figura 1).

18

Figura 2

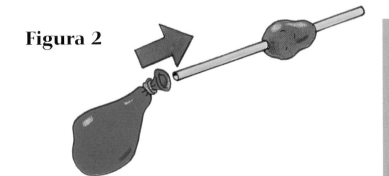

3. Fija el globo pequeño a uno de los extremos del pitillo con la banda elástica pequeña (figura 2).

4. Introduce el pitillo en la botella y con la plastilina sujétalo fuertemente al cuello de la botella (figura 3).

Figura 3

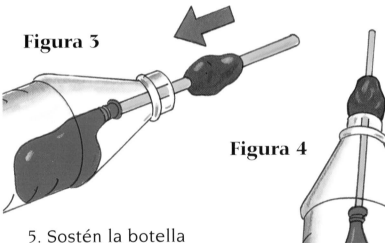

Figura 4

5. Sostén la botella verticalmente con una mano. Con la otra mano, hala hacia abajo el nudo del globo estirado en el fondo de la botella (figura 4). Observa cómo el globo pequeño se llena de aire.

6. Empuja el nudo hacia arriba y observa cómo el globo pequeño se desinfla.

QUÉ DEMUESTRA

Imagina que la abertura del pitillo es tu nariz y el globo pequeño es uno de tus pulmones. El globo con el nudo que se estira en la botella es tu diafragma y la botella es tu pecho. Tu diafragma es un músculo grande al final del pecho. Cuando inhalas, el diafragma se relaja y lleva el aire a tus pulmones, los cuales se estiran en cuanto se llenan; cuando exhalas, el diafragma se tensiona empujando el aire hacia fuera de tus pulmones, retornando éstos a su tamaño normal. Exhala y mide tu pecho. Inhala y mídelo de nuevo. ¿Cuánto se ha expandido (agrandado)?

Respiración

Tú inhalas aire rico en oxígeno. El oxígeno viaja desde tus pulmones hacia todas las partes de tu cuerpo que lo necesitan. Tú exhalas humedad y un gas de desecho que se llama *dióxido de carbono*.

AIRE INHALADO Y EXHALADO

La vela necesita oxígeno para arder. Sin oxígeno, la llama se apagará. Enciende una vela y cúbrela con un frasco (figura 1). Mide cuánto tiempo arde la vela antes de consumir todo el oxígeno en el frasco y apagarse. **Debes utilizar guantes de hornear para retirar el frasco**.

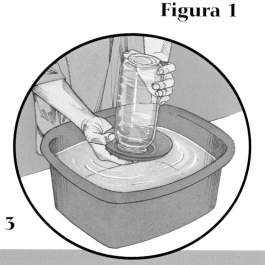

Figura 1

Ahora, pon el frasco boca abajo en un recipiente con agua. Introduce un extremo de un pedazo de manguera por su boca y sopla por el otro extremo hasta que el frasco esté lleno de aire exhalado (figura 2).

Figura 2

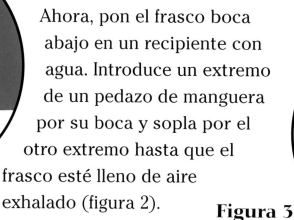

Figura 3

Levanta rápidamente el frasco y cubre su abertura con un plato (figura 3). Enciende otra vela y, con los guantes de hornear, pon el frasco sobre ésta (figura 4). Mide el tiempo que demora la vela en apagarse. ¿Alumbra por más tiempo la vela en el primer frasco que en el frasco con aire exhalado?

Figura 4

QUÉ DEMUESTRA

Hay más oxígeno en el aire que inhalas (tomas) que en el aire que exhalas (sacas). El oxígeno inhalado va a tu sangre y a todo tu cuerpo y es utilizado por tu organismo; los desechos de dióxido de carbono se exhalan.

20

VELOCIDAD DE RESPIRACIÓN

Busca un cronómetro o un reloj con segundero. Anota el número de respiraciones que cuentas en un minuto mientras estás sentado quieto; después mientras caminas y luego cuando corres. Tu respiración es más rápida cuanto más rápido te mueves.

QUÉ DEMUESTRA

Cuanta más energía uses, más oxígeno necesita tu cuerpo. Tú respiras más rápido cuando corres que cuando estás sentado, porque necesitas tomar oxígeno extra.

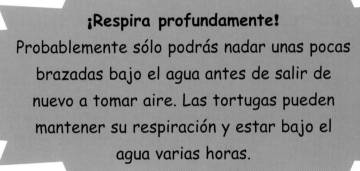

¡Respira profundamente!
Probablemente sólo podrás nadar unas pocas brazadas bajo el agua antes de salir de nuevo a tomar aire. Las tortugas pueden mantener su respiración y estar bajo el agua varias horas.

ESPEJO EMPAÑADO

Tu respiración es cálida y está llena de gotas de agua que no puedes ver. Respira sobre un espejo frío y las gotitas de tu respiración empañarán el espejo. Cuando respiras ante un espejo caliente, las gotitas no formarán neblina, pero se mantendrán en el aire.

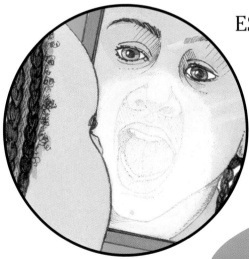

Todos los animales necesitan oxígeno para vivir. Ellos obtienen el oxígeno que necesitan del aire o del agua. Los pulmones y las branquias son igualmente importantes para liberar el gas de desecho.

Alimentación

Todos los animales necesitan comida y agua para obtener energía y así vivir y crecer. La digestión es el proceso mediante el cual tu cuerpo descompone la comida y asimila lo bueno de ella. Para una dieta saludable y obtener energía, los humanos necesitan carbohidratos como el pan o la pasta. Las frutas y los vegetales suministran vitaminas y minerales. La proteína, en los huevos y la carne, se requiere para el crecimiento y la salud, y un poco de grasa se necesita para el calor.

Cómo funcionan los jugos digestivos.

Materiales
- Una papa.
- Un pedazo de pan.
- Yodo.
- Un cuchillo.
- Un gotero.

Figura 2

PROCEDIMIENTO
El pan te sabrá más dulce, más rápido, si masticas un pedazo pequeño.

1. Parte un pan por la mitad (figura 1). Mide la cantidad de almidón en una de las mitades del pan, aplicando unas pocas gotas de yodo sobre éste (figura 2). El almidón hará que el yodo se torne azul inmediatamente.
2. Mastica un pedazo de la otra mitad del pan que no tiene yodo durante algunos minutos (figura 3). Sigue masticando hasta que te sepa dulce.

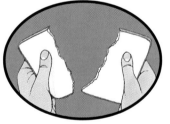

Figura 1

Figura 3

3. En el siguiente experimento, corta una papa por la mitad, pon un poco de saliva en una de las mitades y dispérsala sobre toda su superficie (figura 4).

4. Deja que la saliva actúe. Ahora aplica una gota de yodo sobre ambas mitades.

5. Compara el color del yodo en las dos mitades. El yodo en el pedazo de papa con saliva tendrá un color café. El yodo en el otro pedazo se tornará azul (figura 5).

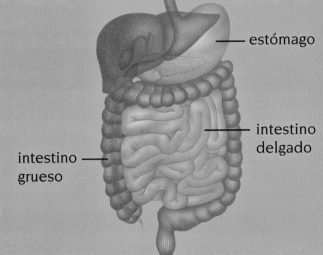

QUÉ DEMUESTRA

— estómago

— intestino delgado

intestino — grueso

Los químicos en tu saliva, llamados enzimas, empiezan a romper la levadura de la comida y la convierten en azúcares de sabor dulce. Tu comida viaja a lo largo de un conducto hacia tu estómago en donde más enzimas trabajan. En cuanto viajan por tus intestinos delgado y grueso, los nutrientes pasan a tu cuerpo y eventualmente liberas los desechos.

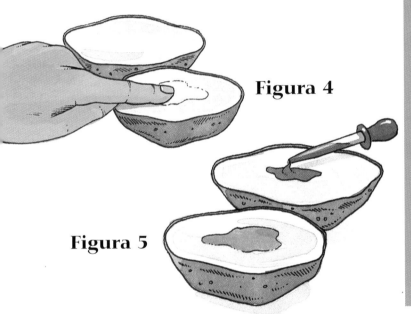

Figura 4

Figura 5

Un viaje increíble
La comida toma hasta 36 horas en viajar por tu sistema digestivo. Ella permanece en tu estómago alrededor de tres horas y luego viaja a lo largo de nueve metros de conductos.

Los herbívoros son animales que sólo comen plantas, los carnívoros sólo comen carne y los omnívoros comen plantas y carne. Los humanos son omnívoros, aun cuando hay gente que sólo come plantas.

Alimentación

HAZ UN MAPA DE LA LENGUA

Tu lengua detecta sólo cuatro sabores básicos: dulce, ácido, salado y amargo. La habilidad de saborear la comida te ayuda a evitar comer cosas nocivas. Por lo general, la comida desagradable es tan amarga que quisieras escupirla inmediatamente.

Figura 1

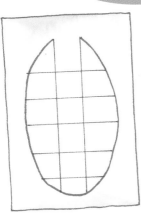

Figura 2

1. Vierte agua en tres vasos. Disuelve un poco de azúcar en uno, sal en el segundo y café en el tercero. En un cuarto vaso pon jugo de limón (figura 1).
2. Dibuja en una hoja de papel un mapa de la lengua como el que se muestra en la figura 2.
3. Cubre los ojos de un amigo y gotea un poco de cada mezcla sobre una parte diferente de su lengua (figura 3).
4. Marca en el mapa de la lengua, la parte de ésta sobre la cual cada mezcla es más fuerte para tu amigo (figura 4).

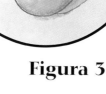

Figura 3

Figura 4

QUÉ DEMUESTRA

Diferentes partes de la lengua detectan distintos sabores. Saca la lengua y mírate en el espejo. La lengua está cubierta de pequeñas protuberancias llamadas papilas, o papilas gustativas. Éstas detectan los sabores y envían la información a tu cerebro.

amargo

ácido

salado

dulce

24

EL SORPRENDENTE ESTÓMAGO RUGIENTE

Escucha los sonidos de tu estómago

Con una grabadora y un micrófono, registra los rugidos y estruendos que se escuchan dentro de ti. Súbele el volumen a tu grabación y reproduce los sonidos para asustar a tus amigos.

POR QUÉ FUNCIONA

Los sonidos son producidos por gas burbujeando a lo largo de tus intestinos en cuanto digieres la comida. ¡El brécol y las arvejas producen sonidos muy interesantes!

QUÉ DEMUESTRA

Los músculos se contraen y empujan la comida a lo largo de su recorrido por los conductos de tu sistema digestivo. Este movimiento de los músculos se llama *peristalsis*. Es tan fuerte que la comida pasaría a tu estómago aun cuando estuvieses comiendo parado de cabeza.

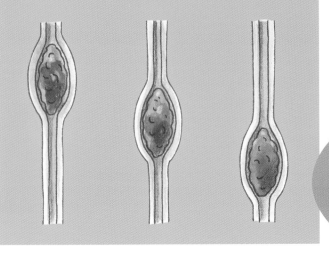

MOVIMIENTOS DEL ESTÓMAGO

Pasa una bola pequeña a lo largo de una de las mangas de una media velada vieja (figura 1). Haz un círculo con un dedo y el pulgar y oprímelos y libéralos una y otra vez para empujar la bola a lo largo de la manga (figura 2).

Figura 1

Figura 2

Tu cuerpo digiere la comida para que tú vivas, crezcas y te mantengas saludable. La comida que el cuerpo no necesita, o aquella que es nociva, se elimina al final del sistema digestivo.

25

Movimiento

Todas las criaturas del reino animal se mueven. Algunas se arrastran, otras vuelan, algunas nadan y otras caminan con sus piernas o utilizan sus brazos para avanzar por los árboles. Los cuerpos también se mueven internamente. El corazón palpita, la sangre es bombeada a lo largo de las venas y los pulmones inhalan y exhalan aire. Tú tienes un esqueleto de huesos fuertes para sostenerte y proteger tu cerebro, corazón y pulmones. Tu esqueleto se flexiona en algunas partes llamadas articulaciones, donde se unen los huesos. Los músculos empujan tus huesos para hacerlos mover.

Explora cómo se mueven las articulaciones.

Materiales
- Dos cajas vacías de crema dental.
- Una manzana.
- Un lápiz.
- Cinta pegante.
- Un pocillo.

PROCEDIMIENTO
Observa cómo se mueven tus articulaciones, antes de crear este modelo.

1. Junta los extremos de dos cajas rectangulares y pégalos con cinta, solamente por un lado (figura 1). Flexiónalos y observa cómo se doblan en una sola dirección (figura 2), tal como ocurre en la articulación de tu rodilla (figura 3).

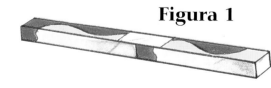

Figura 1

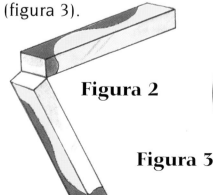

Figura 2

Figura 3

2. Empuja firmemente el extremo afilado de un lápiz dentro de una manzana, para simular el hueso superior de tu brazo (figura 4).

3. Pon la manzana dentro del pocillo para que notes cómo el hueso de tu brazo encaja en el hueso de tu hombro. Mueve el lápiz, manteniendo la manzana en el pocillo (figura 5). Ésta girará como la articulación de tu hombro.

Figura 4

Figura 5

QUÉ DEMUESTRA

Tú tienes articulaciones tipo bisagra en tus rodillas y codos (1) y esféricas en tus hombros y caderas (2). Tienes articulaciones deslizantes en tus tobillos y dedos de los pies; giratorias en tus muñecas y de silla de caballo en tus pulgares.

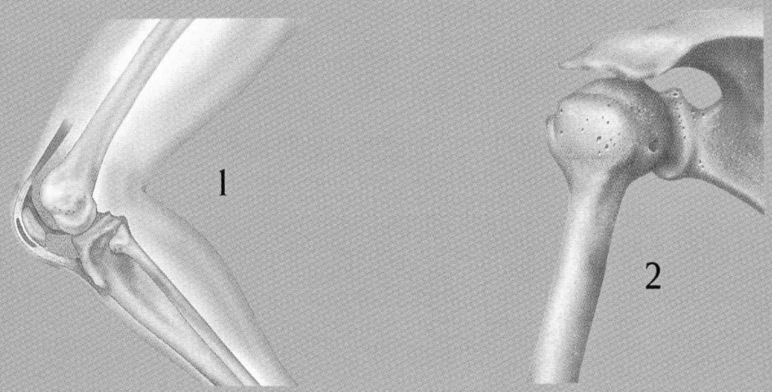

Cada clase de articulación se mueve de un modo diferente. Las articulaciones de tus rodillas trabajan como las bisagras de una puerta. Se flexionan en una sola dirección y se bloquean cuando te paras derecho. Tus hombros son articulaciones esféricas que te permiten girar tus brazos en círculo.

Haciendo gestos

Más de 40 músculos de tu cara se mueven para mostrar cómo te sientes. Pero puedes arrugar el ceño, sonreír, picar el ojo y sorprenderte sin mover una sola articulación.

Movimiento

No podrías moverte sin músculos que impulsen tus huesos. Los músculos están unidos a tus huesos por medio de bandas llamadas *tendones*. Tus músculos son livianos y muy fuertes para su peso.

¿POR QUÉ LOS HUESOS SON LIVIANOS Y FUERTES?

Haz un cilindro pegando los extremos de un rectángulo de papel (figura 1). Mide la fortaleza del cilindro colocando libros sobre éste, uno por uno (figura 2). ¿Cuántos libros puede sostener antes de derrumbarse?

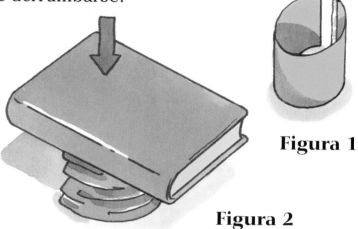

Figura 1

Figura 2

Fabrica del mismo modo otro cilindro de papel. Haz cilindros de papel más delgados, de la misma altura que el primero. Llena el cilindro grande con los pequeños (figura 3). Siente cuán liviano es. Ahora mide su fortaleza observando cuántos libros puede sostener (figura 4). Debe ser más resistente que el cilindro vacío. Has creado una estructura sorprendentemente resistente con pedazos de papel.

QUÉ DEMUESTRA

La capa externa del hueso se llama *hueso compacto*. Está hecha de cientos de cilindros. La capa interna del hueso se llama *hueso canceloso* y está llena de tubos vacíos. Estas dos capas hacen que el hueso sea liviano y muy resistente, así como los cilindros que elaboraste hacen que *tu hueso* sea liviano y resistente.

cilindros

Figura 3   **Figura 4**

MIDE LA FUERZA DE TU MÚSCULO

Algunos de tus músculos son más fuertes que otros. Oprime la balanza del baño tan fuerte como puedas entre tus rodillas y luego con tus manos. Anota la lectura de la balanza. ¿Qué músculos son más poderosos?

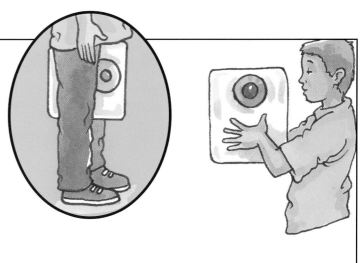

MOVIMIENTO DE LAS SERPIENTES

Figura 1

Las serpientes se mueven generando ondulaciones a lo largo de su cuerpo o rizándose y estirándose. La serpiente cascabel fija su cabeza y cola en el piso y se mueve en ondas laterales (figura 1).

Tú puedes crear tu propia serpiente para reproducir estos movimientos. Arruga papel periódico y haz 10 bolas. Llena una de las mangas de una media velada con las bolas de papel periódico. Haz movimientos ondulantes, en rizos y en ondas laterales. Ensáyalos sobre un piso liso y sobre el tapete para observar cómo la superficie áspera ayuda a la serpiente a moverse hacia delante.

El movimiento se produce todo el tiempo dentro y fuera de tu cuerpo. Tu cuerpo se flexiona en aquellos lugares donde se unen tus huesos, es decir, en las articulaciones, y los músculos impulsan tus huesos para moverte.

Reproducción

La Tierra está llena de vida. Todas las criaturas pueden reproducirse –generar una nueva vida de su misma especie–, de modo que la vida sobre la Tierra permanezca. El proceso de nacimiento, crecimiento, reproducción y muerte se denomina *ciclo de vida*. Una nueva vida empieza con un huevo de un cuerpo femenino. Este huevo empieza a crecer cuando es alcanzado por una semilla masculina.

Fabrica una caja para atraer y anidar pájaros.

PROCEDIMIENTO

No te preocupes por los agujeros en las uniones. Son adecuados para la ventilación.

Materiales

- Una tabla de madera de 130 cm X 15 cm y de 1,5 cm de grosor.
- Un serrucho y una regla.
- Pegante fuerte a prueba de agua.
- Un marcador y un pincel.
- Un martillo y puntillas.
- Laca para madera.
- Un bastón.

Para este proyecto, pídele ayuda a un adulto.

1. Pídele a un adulto que corte la tabla en seis pedazos de acuerdo con las medidas que se muestran en la figura 1. Los laterales corresponden a las piezas 1 y 2, la parte posterior a la 3; la parte frontal es la 4, la base es la pieza 5 y la tapa la 6.

Figura 1

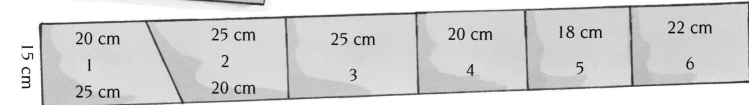

| 15 cm | 20 cm 1 25 cm | 25 cm 2 20 cm | 25 cm 3 | 20 cm 4 | 18 cm 5 | 22 cm 6 |

130 cm

Figura 2

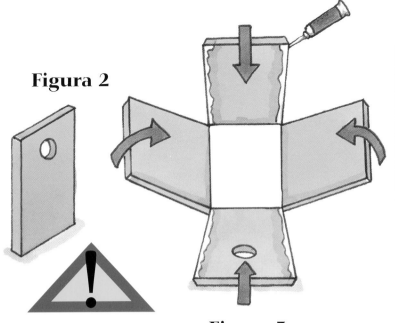

Figura 3

2. Pídele a un adulto que haga un agujero de 5 cm de diámetro en la pieza central como se muestra en la figura 2.

3. Pega los pedazos a la base, tal como se muestra en la figura 3. Deja que los lados y la base sequen antes de pegar el techo (figura 4).

4. Pinta la parte de afuera con laca para proteger el nido del clima.

QUÉ DEMUESTRA

Las aves necesitan un lugar seguro para fabricar su nido y poner sus huevos. Debe estar alejado del piso, lejos de los predadores. Los pájaros inician su vida con un huevo puesto por la mamá pájaro. El pájaro adulto se sienta en el huevo para calentarlo. El huevo empolla una cría hambrienta que es alimentada por sus padres. El pájaro joven se convierte en un polluelo que aprende a volar para buscar su propia comida. Posteriormente, se convierte en adulto y busca pareja.

Figura 5

5. Con cuidado, clava el bastón de madera a la parte posterior del nido y luego clávalo al tronco de un árbol (figura 5).

6. Coloca musgo, corteza, hojas y ramitas en el piso de la caja para que los pájaros los usen como material de anidar (figura 6). Observa cómo los pájaros anidan en tu caja.

Figura 4

Figura 6

31

Reproducción

La mayoría de mamíferos bebés crecen dentro de sus madres y nacen vivos, no dentro de un huevo. Los reptiles, aves, peces e insectos ponen huevos. Los bebés se desarrollan dentro del huevo hasta cuando empollan.

EXAMINA EL INTERIOR DE UN HUEVO DE GALLINA

Golpea un huevo de gallina y vierte su contenido en un plato blanco (figura 1). Examínalo con una lupa (figura 2). La cáscara protege al pollito en crecimiento; la yema amarilla le sirve de comida y la sustancia blanca actúa como un cojín para protegerlo. No hay un embrión en tu huevo. Los huevos que han sido fertilizados por un gallo, tendrán una mancha roja en la yema. Ésta es el embrión.

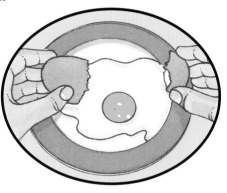

Figura 1

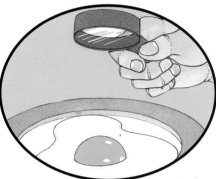

Figura 2

LA SORPRENDENTE LENGUA QUE SE ENROSCA
Observa cómo los rasgos pasan de tus padres hacia ti

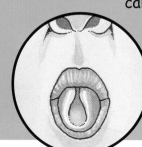

Averigua cuáles de tus amigos pueden juntar sus dedos de dos en dos en forma de V y quiénes pueden enroscar su lengua. Algunos podrán hacer esto fácilmente y otros no, aunque intenten varias veces.

POR QUÉ FUNCIONA
Los niños se parecen a sus padres de muchas maneras: heredan el color de su cabello y de sus ojos. Si puedes mover tus dedos y enroscar tu lengua, has heredado estos rasgos de uno de tus padres o de los dos.

HUELLAS

1. Dibuja cuadrados separados en una hoja de papel. Presiona tu pulgar sobre una almohadilla para sello (figura 1).

2. Imprime tu huella presionando tu pulgar sobre uno de los cuadrados de la hoja de papel y muévelo suavemente de lado a lado (figura 2). Escribe tu nombre sobre éste.

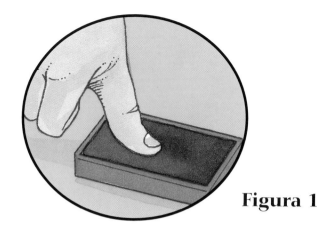

Figura 1

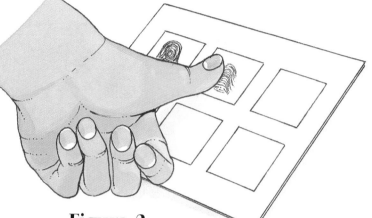

Figura 2

3. Recolecta las huellas de los pulgares de tus amigos y examínalas a través de una lupa.

4. Trata de identificar los patrones y escribe el nombre del patrón bajo cada huella.

QUÉ DEMUESTRA

La policía busca huellas para identificar a los criminales, porque cada persona tiene un patrón único. Aun cuando las huellas

de todas las personas son diferentes, ellas conforman uno de los cuatro patrones: curvo (1), arco (2), compuesto (3) y espiral (4).

Los seres vivos pueden generar nuevas vidas de su misma especie. Cada nueva vida empieza un ciclo. Tú heredas algunos de los rasgos de tus padres, pero no hay nadie exactamente igual a ti.

Crecimiento

Cuando te conviertes en adulto dejas de crecer, pero algunas partes de tu cuerpo, como las uñas y el cabello, nunca detienen su crecimiento. Un bebé gatito sin pelo, un bebé pajarito sin plumas y un indefenso bebé humano no son muy diferentes de los adultos en los cuales se transforman. Un bebé ballena parece una versión pequeña de su mamá. Algunas criaturas sufren un cambio más notorio llamado metamorfosis. Por ejemplo, una mariposa pasa la primera parte de su vida siendo una oruga, y una rana empieza su vida siendo un renacuajo.

Compara el tamaño de la cabeza con el tamaño del cuerpo.

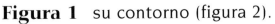

PROCEDIMIENTO
Ensaya con un niño pequeño, alguien de tu edad y un adulto.

Materiales
- Un rollo de papel de colgadura.
- Un marcador.
- Tijeras.
- Cinta pegante.
- Una regla.

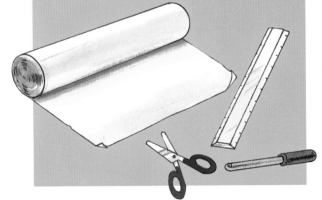

1. Mide la cabeza de tu amigo desde la quijada hasta la corona (figura 1). Ahora mide su altura.

2. Extiende papel de colgadura en el piso. Pega las esquinas. Pídele a un amigo que se acueste sobre el papel y luego dibuja su contorno (figura 2).

Figura 1

Figura 2

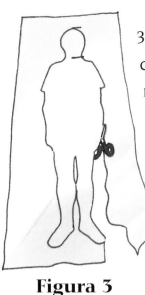

Figura 3

3. Marca la longitud de la cabeza sobre la figura y recorta la forma (figura 3). Dobla la cabeza por el cuello. Continúa doblando la figura de papel usando la cabeza como guía para el tamaño del resto de los pliegues. Haz lo mismo para un niño pequeño y un adulto.

4. Desdobla las figuras. La del niño pequeño debe tener más o menos cuatro pliegues (figura 4), la de tu amigo cinco o seis (figura 5) y la del adulto ocho.

QUÉ DEMUESTRA

La cabeza de un niño pequeño es casi tan grande como la cabeza de un adulto, pero su cuerpo es más pequeño. Los humanos nacen con un cerebro bien desarrollado. La cabeza del niño representa casi un cuarto de la longitud de su cuerpo, porque el cuerpo tiene que seguir creciendo. Cuando el niño se convierte en adulto, su cabeza será un octavo de la longitud total de su cuerpo.

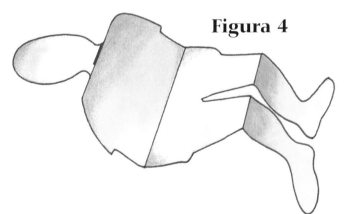

Figura 4

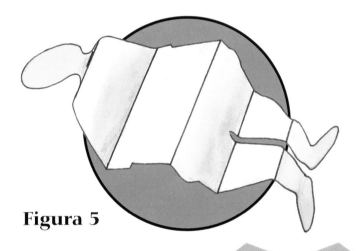

Figura 5

¡Rápido, corre!
Un venado puede pararse y correr casi inmediatamente después de nacer. Esto significa que puede alejarse de los predadores. Los bebés humanos aprenden a caminar muchos meses después de nacer.

Los bebés mamíferos toman leche de sus mamás. La leche contiene todo aquello que los bebés mamíferos necesitan para crecer; además les suministra calcio, para dientes y huesos saludables, proteínas, grasas, minerales y vitaminas.

FABRICA MANTEQUILLA CON LECHE

La crema, la mantequilla, el queso y el yogur se obtienen de la leche. Tú puedes fabricar mantequilla. Vierte un poco de crema de leche en una botella plástica transparente y pequeña; tápala herméticamente. Agita la crema en la botella (figura 1) hasta cuando empiece a separarse el líquido delgado de los pequeños terrones de mantequilla (figura 2). La grasa de la mantequilla crea marcas grasosas sobre papel limpio (figura 3). La grasa de la leche es importante para el crecimiento de los mamíferos jóvenes. La leche de los mamíferos de clima frío contiene gran parte de grasa que ayuda a sus crías a generar capas de ésta para protegerse del frío.

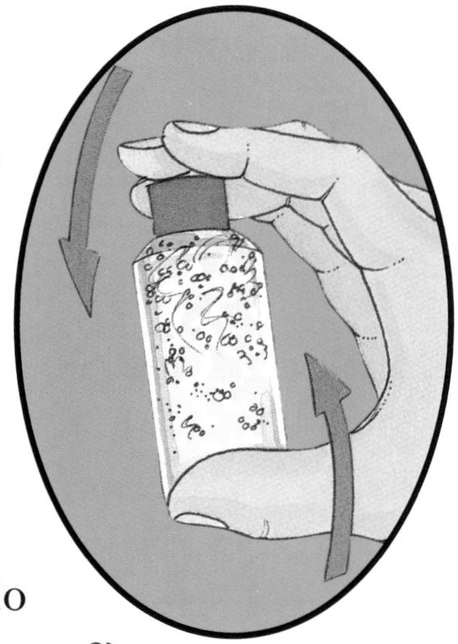

Figura 1

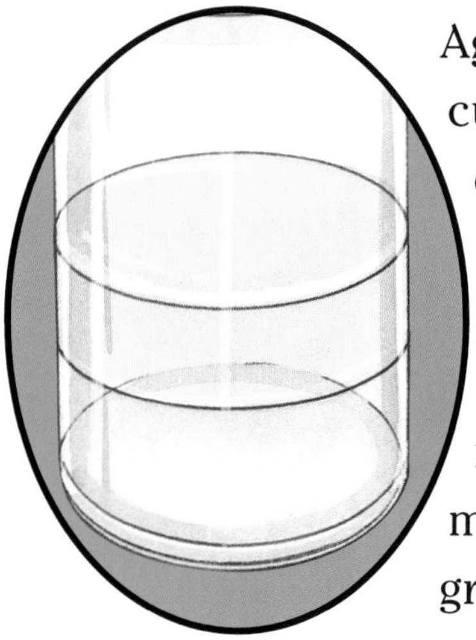

Figura 2

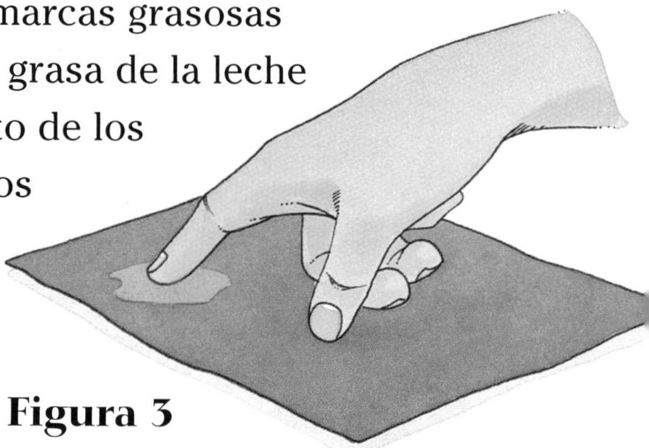

Figura 3

FOTOGRAFÍAS DIVERTIDAS

Todos cambiamos cuando crecemos. Reúne fotografías de adultos que conozcas, tomadas cuando eran niños. Pégalas en un cartón. A un lado, escribe los nombres de los adultos en un orden diferente al de las fotografías. Dale un premio a quien logre adivinar los nombres de los adultos.

Sarah
David
Mia
Dan
Cho
Anne
Emma
Neil
Chuck
Narrosa
Kate
Josh

VISOR DE RENACUAJOS

1. Busca una botella de plástico transparente, fuerte. Pídele a un adulto que le corte las partes superior e inferior y pon cinta sobre sus bordes ásperos (figura 1).

Figura 1

2. Pon un pedazo de papel transparente sobre uno de los extremos de la botella y ajústalo con una banda de caucho para evitar que se resbale en el agua (figura 2).

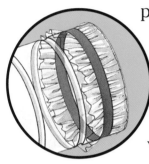

Figura 2

3. Coloca el extremo cubierto con plástico en un charco y podrás ver lo que sucede bajo el agua (figura 3). Usa tu visor para observar los renacuajos. **Ten cuidado cuando estés cerca del agua.**

Figura 3

QUÉ DEMUESTRA

El renacuajo es sólo uno de los estados en el ciclo de vida de la rana. Las ranas ponen huevos en el agua. Los huevos incuban renacuajos que viven bajo el agua. Los renacuajos pierden su cola, desarrollan patas y se convierten en ranas, las cuales viven en la tierra y en el agua.

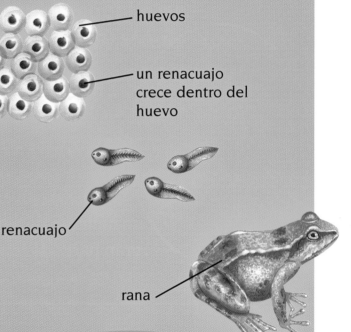

huevos

un renacuajo crece dentro del huevo

renacuajo

rana

Todos los animales crecen. Algunos nacen parecidos a sus padres; otros son diferentes. Los animales se desarrollan a diferente velocidad. Los humanos tardan varios años en ser adultos, pero algunos animales toman sólo pocos meses.

Sentidos

Siempre utilizas los cinco sentidos (vista, oído, olfato, gusto y tacto) para saber lo que ocurre a tu alrededor. Tus ojos, oídos, nariz, boca y piel son los órganos de tus sentidos. Ellos toman la información y envían mensajes a tu cerebro. La mayoría de animales tienen sentidos altamente desarrollados. El sentido del olfato de un perro es mil veces más desarrollado que el tuyo; los gatos tienen una visión excelente, aun de noche.

Descubre cómo ven tus ojos.

PROCEDIMIENTO

Si utilizas cartón grueso, pídele ayuda a un adulto para cortarlo con un bisturí.

Materiales
- Una hoja de cartón.
- Una hoja de papel calcante.
- Un lápiz.
- Una regla.
- Pegante.
- Tijeras.
- Una lupa.

1. En el cartón, dibuja un rectángulo a más o menos 3 cm del borde para elaborar un marco.

2. Corta el rectángulo haciéndole un agujero con las tijeras y cortando luego a lo largo de las líneas (figura 1).

Figura 1

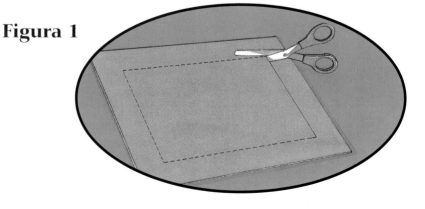

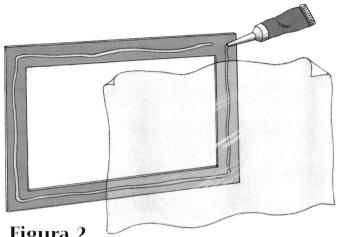

Figura 2

3. Pon pegante sobre el marco de cartón y pega el papel calcante sobre éste para formar una pantalla (figura 2). Trata de que éste quede lo más templado posible.

4. Coloca el marco frente a una ventana o a un objeto brillante. Sostén la lupa un poco más allá del marco y ajústala hasta que puedas observar una imagen cabeza abajo del objeto brillante sobre la pantalla (figura 3).

Figura 3

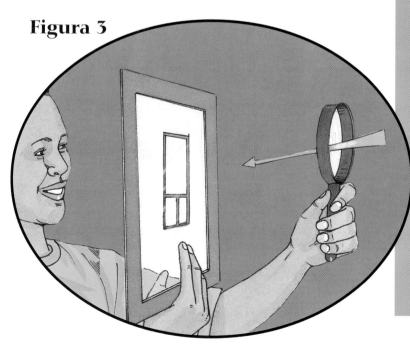

POR QUÉ FUNCIONA

En este experimento, la lupa representa la lente de tu ojo. La pantalla representa tu retina en la parte posterior de tu ojo. Los rayos de luz rebotan en los objetos que tú observas y van directamente a tu ojo.

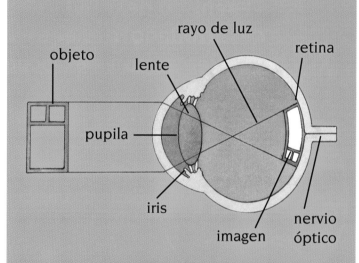

El iris (la parte en color) de tu ojo cambia de tamaño para permitir que más o menos luz pase a través de la pupila y entre en tu ojo. Tus lentes proyectan una imagen cabeza abajo hacia tu retina, en la parte posterior de tu ojo. Tu nervio óptico recoge la información y la envía a tu cerebro en donde se clasifica la imagen que ves.

Sentidos

Si pierdes uno de tus sentidos, puedes utilizar los demás. Puedes usar el sentido del tacto para leer (braille) y tus ojos para ver lo que la gente dice (lectura de labios).

UTILIZA EL TACTO, OLFATO Y GUSTO

Véndate los ojos y pídele a alguien que te pase un objeto conocido. Percíbelo con el tacto para obtener la mayor cantidad de información que puedas. Ahora dibújalo (figura 1). ¿Tu dibujo se parece a la figura real? Sigue vendado; pídele a un amigo que te ponga en la boca trozos de manzana, papa, queso y chocolate (figura 2). Hazlo de nuevo tapándote la nariz. ¿Es difícil adivinar lo que estás comiendo?

Figura 1

Figura 2

POR QUÉ FUNCIONA

Saboreas mejor la comida si también la puedes oler, porque el olfato y el gusto están muy relacionados. Tu nariz huele más sabores que los que tu lengua puede probar; por esto cuando tienes la nariz tapada la comida te sabe horrible.

LA SORPRENDENTE TAPA DE BOLÍGRAFO
Observa cómo dos ojos son mejores que uno

Con un ojo cerrado, sostén con una mano un bolígrafo y su tapa con la otra. Trata de ponerle la tapa al bolígrafo. Es difícil con un ojo cerrado. Ahora abre el ojo e intenta de nuevo. ¡Repentinamente es muy fácil!

POR QUÉ FUNCIONA

Tú tienes dos ojos que te ayudan a medir las distancias. Con un ojo cerrado no puedes saber exactamente dónde se encuentran las cosas. Los animales cazadores tienen dos ojos al frente de su cabeza para apuntar a su presa.

APAGA UNA VELA CON SONIDOS

Corta dos círculos de caucho de un globo grande (figura 1). Estíralos sobre los extremos de un tubo de cartulina y asegúralos con bandas elásticas (figura 2). Pincha el caucho para hacerle un agujero pequeño (figura 3). **Pídele a un adulto que te ayude a encender la vela.**

Figura 1

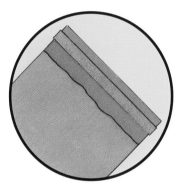

Figura 2

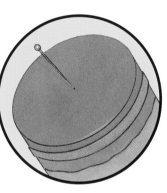

Figura 3

Sostén el tubo de modo que el agujero en el caucho esté alineado con la llama de la vela. Golpea el caucho en el otro extremo del tubo (figura 4) y observa cómo se apaga la llama.

POR QUÉ FUNCIONA

Cuando hay movimiento, el aire vibra alrededor. Este aire en movimiento viaja en forma de ondas sonoras. Las ondas golpean tus martillos y tú escuchas un sonido. Cuando golpeas el caucho, éste genera vibraciones que escuchas como golpecitos. Las vibraciones viajan a lo largo del tubo y empujan el aire para que salga a través del agujero; el aire apaga la llama de la vela.

ondas de sonido

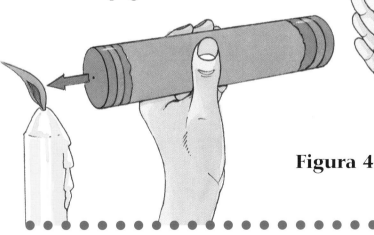

Figura 4

Ves con tus ojos, escuchas con tus oídos, hueles con tu nariz, saboreas con tu lengua y sientes con tu piel, para captar el mundo alrededor tuyo.

Adaptación

El medio ambiente es todo lo que nos rodea. Los animales viven en todos los ambientes, desde el fondo del mar profundo hasta lo más alto de las montañas; desde las heladas regiones polares hasta los cálidos desiertos secos. Para sobrevivir en su ambiente, los animales, por lo general, deben realizar cambios. Los lobos de ciudad han cambiado su dieta natural y los lobos del Ártico cambian el color de su cubierta de café a blanca cuando cae la nieve. Éstos cambios para ajustarse al ambiente se llaman *adaptaciones*.

Descubre cómo se ve la huella de tus dientes.

PROCEDIMIENTO
Asegúrate de amasar la mezcla hasta que esté compacta.

Materiales
- 250 g de harina.
- 250 ml de agua.
- 125 g de sal.
- Una cucharadita de aceite.
- Un tazón para mezclar.
- Una jarra.
- Una cuchara de madera.
- Balanzas.

1. Echa 250 g de harina, 250 ml de agua, 125 g de sal y una cucharadita de aceite en un tazón. Mezcla los ingredientes con una cuchar de palo (figura 1).

2. Empolva tus manos con harina y amasa la mezcla con tus manos (figura 2) hasta que se sienta elástica y esté compacta.

Figura 1

Figura 2

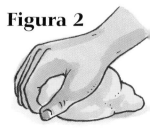

3. Toma una porción de masa y haz una bola con ella. Aplana la bola del tamaño y forma de un bizcocho pequeño.

4. Humedece tus dientes con tu lengua para que la masa no se pegue a ellos. Ahora muerde la masa suficientemente fuerte para dejar la huella de tus dientes en ella, los de arriba y los de abajo.

5. Retira cuidadosamente la masa sin arruinar la marca de tus dientes (figura 3). Pon la masa en horno a temperatura baja hasta que seque.

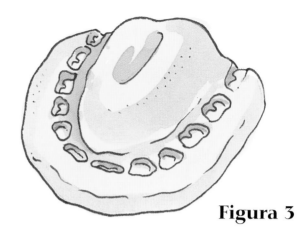

Figura 3

¡Los dientes de los tiburones son vitales para la supervivencia!

Los tiburones no podrían sobrevivir sin sus dientes. Si uno se rompe, un nuevo diente crece detrás haciendo mover los otros hacia adelante para tomar su lugar.

QUÉ DEMUESTRA

Tú tienes tres tipos de dientes: incisivos, caninos y molares. ¿Puedes ver las huellas de tus diferentes dientes en la masa?

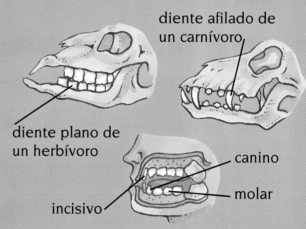

diente afilado de un carnívoro

diente plano de un herbívoro

canino

molar

incisivo

Los incisivos están al frente para morder, los caninos son para agarrar y rasgar y los molares están en la parte posterior para masticar. Los dientes de los animales se adaptan a la comida que comen. Los carnívoros tienen dientes afilados y los herbívoros, dientes planos.

Adaptación

Algunos animales son cazadores y otros son cazados. Los cazadores poseen vista y oído agudos y un buen sentido del olfato para rastrear a su presa. Los animales cazados están adaptados para un rápido escape.

FABRICA UNA TROMPETILLA

Corta un círculo de cartón del tamaño de un plato de comida. Corta el círculo por la mitad (figura 1). Enrolla una de las mitades para hacer un cono y pégalo con cinta. Corta el extremo de modo que encaje en tu oreja (figura 2). Sin utilizar la trompetilla, escucha un sonido suave, como el de un computador o un radio prendido a un volumen muy bajo.

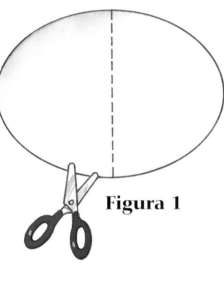

Figura 1

Figura 2

Figura 3

Ahora coloca el extremo angosto de la trompetilla sobre tu oído y apunta el extremo ancho hacia la fuente del sonido (figura 3). Escucha con atención. ¿Puedes escuchar el sonido más claramente a través de la trompetilla? Mueve la trompetilla sin mover tu cabeza para escuchar otros sonidos.

POR QUÉ FUNCIONA

Los animales con oído muy agudo, como los lobos, tienen orejas grandes que pueden levantar y girar hacia la fuente de los sonidos. La parte de tu oído que puedes ver se llama pabellón de la oreja. Está diseñado para captar los sonidos. La trompetilla hace que tu pabellón sea más grande. Cuanto más grande sea el pabellón de tu oreja, mejor oirás.

CONTRASOMBRA

Los animales que viven en llanuras de pasto, por lo general, tienen una contrasombra: pelo que es más oscuro en la parte de arriba y más claro en la parte de abajo. Esta contrasombra les ayuda a confundirse con la naturaleza, factor que impide que los cazadores los distingan fácilmente. Haz dos animales con cajas y rollos de cartulina (figura 1). Pinta uno de ellos con la espalda oscura y la barriga clara y el otro con la espalda clara y la barriga oscura (figura 2). Colócalos fuera de tu casa en un día soleado para descubrir cuál es más difícil de encontrar. ¿El de la espalda oscura y la barriga clara es más difícil de ver?

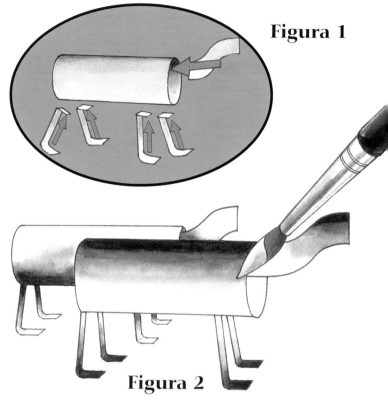

Figura 1

Figura 2

CÓMO ENCONTRAR EL CAMINO

Los pájaros viajan enormes distancias en busca de comida, usando el campo magnético de la Tierra para guiarse. Nosotros utilizamos una brújula, la cual siempre apunta hacia el norte magnético, para ayudarnos a encontrar el camino. Esconde un tesoro afuera. Escribe instrucciones para encontrarlo, tal como se muestra en la figura 1. Dale las instrucciones a tus amigos y una brújula para ayudarles a encontrar el tesoro (figura 2).

Figura 2

Sigue estas instrucciones para encontrar tu regalo:

3 pasos al norte

10 pasos al oeste

3 pasos al noroeste

10 pasos al oeste

3 pasos al sudeste

10 pasos al este

3 pasos al oeste

Figura 1

Los animales se adaptan al ambiente de diferentes modos. La adaptación les ayuda a vivir con éxito, de manera que la vida sobre la Tierra pueda continuar.

Glosario

Aire

El aire es una mezcla de gases invisibles alrededor nuestro. Los animales necesitan inhalar y exhalar aire de sus pulmones para vivir. Ellos inhalan (toman) un gas que se llama oxígeno y exhalan (liberan) un gas denominado dióxido de carbono.

Ciclo de vida

Todos los estados por los cuales pasa un ser viviente, desde el nacimiento hasta la muerte. Con cada nueva vida, otro nuevo ciclo de vida inicia, de modo que la vida sobre la Tierra continúa.

Embrión

Un embrión es un animal en los estados previos de su desarrollo. La mayoría de los embriones mamíferos se desarrollan dentro del cuerpo de su madre hasta cuando están listos para nacer. Otros animales ponen huevos. El embrión se desarrolla dentro del huevo hasta que empolla.

Excreción

Lo que ocurre cuando los animales liberan desechos de su cuerpo. Los desechos son la parte de la comida y la bebida que el cuerpo no puede utilizar.

Exoesqueleto

Cubierta de consistencia dura alrededor del cuerpo de los artrópodos que forma una armadura para proteger sus órganos internos y suaves.

Invertebrados

Animales sin columna vertebral. Es el grupo más numeroso de animales en el reino animal e incluye las lombrices, culebras y los insectos.

Medio ambiente

El medio ambiente es todo lo que nos rodea. Un desierto, una selva húmeda y una ciudad son tipos de ambientes. Los animales han encontrado modos de sobrevivir en su ambiente realizando cambios en su dieta, su cobertura y la forma de su cuerpo.

Reino animal

Los animales son uno de los cuatro reinos de seres vivientes. Pueden ser tan diferentes como un insecto pequeño y tan grandes como una ballena azul. Los animales respiran, comen, liberan desechos, se mueven, sienten, crecen, y generan vida de su misma especie.

Metamorfosis

Cambio que realizan algunas de las criaturas cuando se vuelven adultas. Una oruga se transforma en una mariposa con alas. Un renacuajo que vive en el agua se transforma en una rana que salta sobre la tierra.

Temperatura

Cuán caliente o frío está un objeto. Los seres humanos tienen una temperatura de 37 °C, la cual es constante sin importar el clima. La temperatura de un reptil no es siempre la misma, pues ésta cambia con el ambiente.

Migración

Nombre del largo viaje que realizan los animales (peces e insectos) en busca de comida o de mejores condiciones para su desarrollo.

Predadores

Animales que cazan y se comen a otros animales. Los animales cazados se llaman presas.

Vertebrados

Animales con columna vertebral. Los vertebrados incluyen animales de todos los tamaños, como las ballenas, los caballos y los ratones. Los seres humanos son vertebrados con 33 huesos en su columna vertebral, llamados vértebras.

47

Índice

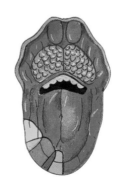